Vivir bien la vida

Vivir bien la vida

*Los beneficios inesperados del fracaso
y la importancia de la imaginación*

J.K. ROWLING

salamandra

Traducción del inglés de
Gemma Rovira Ortega

Título original: *Very Good Lives. The Fringe Benefits
of Failure and the Importance of Imagination.*

*First published in the United States in 2015 by Little,
Brown and Company, a division of the Hachette Book Group. Inc.
First published in Great Britain in 2015 by Sphere.*

Publicaciones y Ediciones Salamandra, S.A.
Almogàvers, 56, 7º 2ª - 08018 Barcelona - Tel. 93 215 11 99
www.salamandra.info

ISBN: 978-84-9838-843-5
Depósito legal: B-2.550-2018

1ª edición, abril de 2018
Printed in Spain

Impreso y encuadernado en Unigraf S.L.
Avda. de la Camara de Industria 38
28938 Mostoles (Madrid)

VIVIR BIEN LA VIDA

Presidenta Faust, miembros de la Dirección de Harvard, miembros del profesorado, padres orgullosos y, sobre todo, licenciados.

Lo primero que me gustaría decir es «muchas gracias». Harvard me ha concedido un honor extraordinario, pero no sólo eso: el miedo y las náuseas que he sufrido estas semanas pensando que tendría que pronunciar este discurso de graduación me han hecho adelgazar. ¡He salido ganando por partida doble! Ahora, lo único que debo hacer es respirar hondo, fijar la vista en esas banderas rojas y convencerme de que me encuentro en la mayor reunión de ex alumnos de Gryffindor del mundo.

Pronunciar un discurso de graduación conlleva una gran responsabilidad, o eso creía hasta que hice memoria y recordé mi ceremonia de graduación. Aquel día, la alocución corría a cargo de la baronesa Mary Warnock, la distinguida filósofa británica. Reflexionar sobre su discurso me ha ayudado mucho a escribir el mío, porque resulta que no recuerdo ni una sola palabra de lo

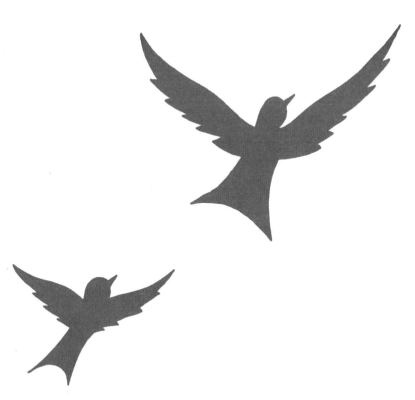

que dijo. Este descubrimiento tan liberador me permite seguir adelante sin temor alguno a influiros y que, por mi culpa, alguien acabe renunciando a una prometedora carrera en los negocios, el derecho o la política, para disfrutar de las alegrías y emociones de convertirse en un mago gay.

¿Lo veis? Si, en el futuro, lo único que recordáis es el chiste del mago gay, ya lo habré hecho mejor que la baronesa Mary Warnock. Metas alcanzables: el primer paso hacia la superación personal.

La verdad es que me he estrujado la mente y el corazón pensando qué mensaje debía transmitiros. Me he preguntado qué me habría gustado saber en mi ceremonia de graduación y qué lecciones importantes he aprendido en los veintiún años que han transcurrido entre aquel día y éste.

La importancia de la IMAGINACIÓN

He llegado a dos conclusiones. En este día maravilloso en que nos hemos reunido para celebrar vuestro éxito académico, he decidido hablaros de los beneficios del fracaso. Y, ahora que os halláis a las puertas de lo que a veces llamamos «la vida real», también quiero ensalzar la importancia crucial de la imaginación.

Quizá mi elección os parezca quijotesca o paradójica, pero os ruego que tengáis un poco de paciencia.

Volver la vista atrás y recordar a la chica de veintiún años del día de mi ceremonia de graduación es una experiencia ligeramente incómoda para la mujer de cuarenta y dos que soy ahora. Hace media vida, trataba de encontrar el difícil equilibrio entre mis sueños y lo que mi familia esperaba de mí.

EQUILIBRIO

Estaba convencida de que lo único que quería hacer, lo único, era escribir novelas. En cambio, mis padres, que provenían de hogares humildes y no habían ido a la universidad, opinaban que mi prolífica imaginación era una excentricidad divertida que nunca me serviría para pagar la hipoteca ni asegurarme una pensión. Sé que ahora este consejo os parecerá una paradoja tan aplastante como el golpe de un yunque de un dibujo animado.

Ellos confiaban en que escogería algún ciclo de formación profesional; yo, sin embargo, quería estudiar Literatura Inglesa. Llegamos a un acuerdo que ahora, en retrospectiva, comprendo que no satisfacía a nadie, y me matriculé en Lenguas Modernas. En cuanto el coche de mis padres dobló la esquina al llegar al final de la calle, dejé plantado el Alemán y eché a correr por el pasillo del departamento de Clásicas.

No recuerdo haberles dicho a mis padres que estaba estudiando Clásicas; es muy probable que se enteraran el día de mi graduación. De todas las materias habidas y por haber, creo que les habría costado mucho nombrar alguna menos útil que Mitología Griega con vistas a que, algún día, yo tuviera derecho a las llaves del lavabo para directivos de una oficina.

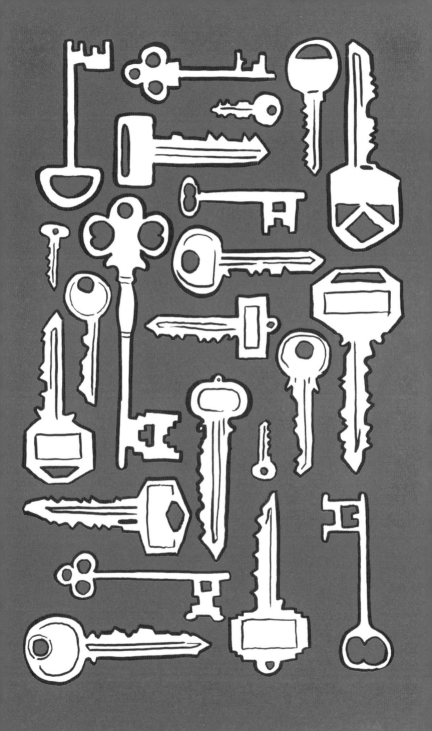

Me gustaría aclarar, entre paréntesis, que
no les reprocho a mis padres que tuvieran
ese punto de vista. Eso de culpar a nuestros
padres por llevarnos en la dirección equivo-
cada tiene fecha de caducidad; en cuanto al-
canzas la edad suficiente para tomar las rien-
das de tu vida, la responsabilidad recae sobre
ti. Es más, no puedo criticar a mis padres por
albergar la esperanza de que nunca conociera

la pobreza. Ellos habían sido pobres, y yo también lo fui después, y coincido con ellos en que no es una experiencia que ennoblezca. La pobreza conlleva miedo y estrés, y a veces depresión; implica infinidad de pequeñas humillaciones y dificultades. Salir de la pobreza por tus propios medios sí es algo de lo que uno puede enorgullecerse, pero la pobreza en sí sólo la idealizan los necios.

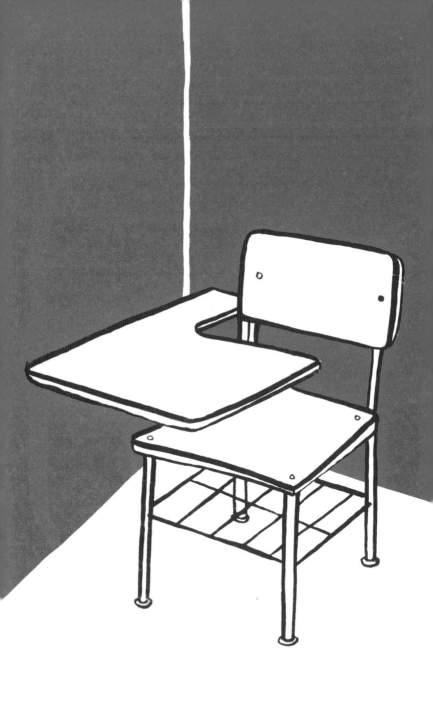

Lo que más temía yo a vuestra edad no era la pobreza, sino el fracaso.

A vuestra edad, y a pesar de una evidente falta de motivación por la universidad, donde había pasado demasiadas horas escribiendo historias en la cafetería y muy pocas asistiendo a clase, tenía una habilidad especial para aprobar exámenes, y eso, durante años, había sido la forma de medir el éxito tanto en mi vida como en la de mis compañeros.

No soy tan torpe como para pensar que,
porque seáis jóvenes, inteligentes y cultos,
nunca habréis pasado apuros ni habréis sufrido. El talento y la inteligencia todavía no
han vacunado a nadie contra los caprichos

del destino, y jamás se me ocurriría dar por hecho que todos los que estáis hoy aquí habéis disfrutado de una vida de privilegios y satisfacciones sin que nada la haya perturbado.

Sin embargo, el hecho de que os hayáis licenciado en Harvard puede hacer pensar que no estáis muy familiarizados con el fracaso. El miedo al fracaso quizá os impulse tanto como el deseo de triunfar. Es más, vuestro concepto de fracaso podría no estar muy alejado de lo que el ciudadano medio considera tener éxito, porque vosotros ya habéis volado muy alto.

ya HABéis volado muy alto

"No conocía a nadie tan fracasado como yo"

En última instancia, cada uno tiene que decidir por sí mismo qué constituye el fracaso, aunque, si se lo permitís, el mundo estará deseando daros algunos parámetros para medirlo. Y creo que no miento si digo que, según los estándares habituales, sólo siete años después de mi ceremonia de graduación, yo ya había fracasado estrepitosamente. Mi brevísimo matrimonio se había ido al traste, y estaba en el paro, era madre soltera y todo lo pobre que se puede ser en la Gran Bretaña de hoy en día antes de convertirse en una persona sin hogar. Los temores de mis padres, y los míos, se habían hecho realidad, y, según esos criterios convencionales, no conocía a nadie tan fracasado como yo.

Ahora bien, no he venido aquí a deciros que fracasar es divertido. Aquel período de mi vida fue muy duro, y entonces no tenía ni idea de que iba a ocurrir lo que más tarde la prensa ha descrito como un desenlace de cuento de hadas. Entonces no tenía ni idea de hasta dónde se extendía el túnel, y, durante mucho tiempo, cualquier luz que atisbara al final tan sólo era una esperanza, y no una realidad.

Entonces, ¿por qué hablo de los beneficios del fracaso? Sencillamente porque el fracaso me obligó a prescindir de lo superfluo. Dejé de fingir ante mí misma que era lo que no era y empecé a concentrar toda mi energía en acabar el único trabajo que de verdad me importaba. Si hubiera tenido éxito en cualquier otro campo, quizá nunca habría encontrado la determinación necesa-

ria para triunfar en el único terreno en el que de verdad creía que encajaba. Me sentí liberada, porque mi mayor temor ya se había cumplido, y sin embargo seguía viva, y seguía teniendo una hija a la que adoraba, y tenía una máquina de escribir vieja y una gran idea. Y así fue como, tras tocar fondo, ese mismo fondo se convirtió en la sólida base sobre la que rehíce mi vida.

Tal vez nunca fracaséis de una forma tan estrepitosa como yo, pero en la vida es inevitable fracasar alguna vez. Es imposible vivir sin fracasar en algo, a menos que seas tan prudente que no se pueda decir que hayas vivido, y en ese caso fracasas por omisión.

Fracasar me proporcionó una seguridad interior que nunca había alcanzado aprobando exámenes. Fracasar me enseñó cosas sobre mí misma que no habría podido aprender de ninguna otra manera. Me di cuenta de que tenía más disciplina de la que sospechaba; también descubrí que tenía amigos muchísimo más valiosos que las piedras preciosas.

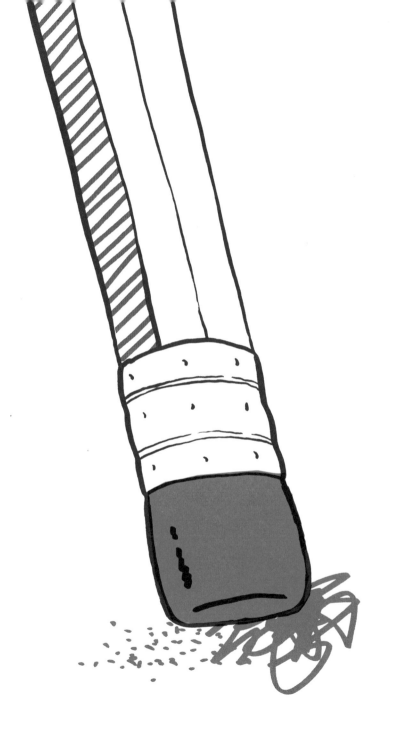

Saber que has superado contratiempos y has salido de ellos fortalecido y más sabio supone que, a partir de entonces, estarás seguro de tu capacidad para sobrevivir. Nunca te conocerás de verdad a ti mismo, ni sabrás lo sólidas que son tus relaciones, hasta que la adversidad os haya puesto a prueba a ellas y a ti. Ese conocimiento es un auténtico regalo, aunque obtenerlo haya sido doloroso, y he comprobado que vale mucho más que cualquier título que haya conseguido.

humildad

Así que, si tuviera un giratiempo, le diría a mi yo de veintiún años que la felicidad radica en saber que la vida no es una lista de la que ir tachando tus adquisiciones y logros. La vida no son los títulos, ni el currículum, a pesar de que conoceréis a muchas personas de mi edad, y mayores que yo, que confunden esas dos cosas. La vida es difícil, es complicada, y nadie puede controlarla del todo, pero, si sois humildes y lo aceptáis, lograréis superar las vicisitudes.

Quizá penséis que escogí el segundo tema de este discurso, la importancia de la imaginación, debido al papel que desempeñó a la hora de rehacer mi vida, pero eso no es del todo cierto. Si bien, personalmente, defenderé a capa y espada la importancia de los cuentos infantiles, he aprendido a valorar la imaginación en un sentido mucho más amplio. La imaginación no es sólo la capacidad exclusivamente humana de concebir algo que no existe y, por lo tanto, el origen de toda invención y progreso; podríamos afirmar que su aspecto más revolucionario y revelador consiste en que es la fuerza que nos permite empatizar con otros seres humanos con vivencias completamente distintas a las nuestras.

Una de las experiencias que más me ha marcado en la vida es anterior a Harry Potter, aunque influyó mucho en lo que después escribí en esos libros. La revelación se produjo en uno de mis primeros empleos. Aunque en los descansos para comer me escabullía y me iba a escribir historias, a mis ventipocos años pagaba el alquiler con un trabajo en el departamento de investigaciones africanas de la sede de Amnistía Internacional en Londres.

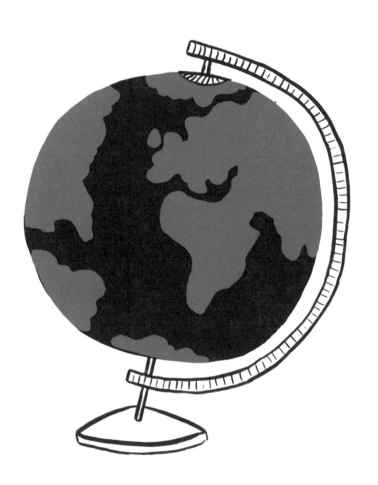

En mi pequeña oficina, leía cartas garabateadas a toda prisa y sacadas clandestinamente de países con regímenes totalitarios por hombres y mujeres que se arriesgaban a penas de cárcel para informar al mundo exterior de lo que les estaba sucediendo. Veía fotografías de personas que habían desaparecido sin dejar rastro; sus familiares y amigos, desesperados, las enviaban a Amnistía Internacional. Leía testimonios de víctimas de torturas y veía fotografías de sus lesiones. Abría informes escritos a mano por testigos oculares de juicios sumarios y ejecuciones, de violaciones y secuestros.

Muchos de mis compañeros de trabajo habían sido prisioneros políticos, personas a las que habían expulsado de sus hogares o que se habían visto obligadas a huir y exiliarse porque habían tenido la osadía de criticar a sus gobiernos. Entre las personas que acudían a nuestras oficinas, algunas venían a aportar información y otras trataban de averiguar qué había sido de aquellos a los que habían dejado atrás.

Jamás olvidaré a una víctima de torturas, un joven africano que debía de tener mi edad y que había acabado trastornado a causa de todo lo que había sufrido en su país natal. Temblaba sin control mientras hablaba ante una cámara de vídeo de los actos brutales a los que lo habían sometido.

Era un palmo más alto que yo y, sin embargo, parecía frágil como un niño. Tuve que acompañarlo luego a la estación del metro, y aquel hombre al que habían destrozado la vida de la manera más cruel me estrechó la mano con suma cortesía y me deseó felicidad para el futuro.

UN
GRITO
DE
DOLOR
Y
ESPANTO

Y, mientras viva, siempre recordaré que iba por un pasillo desierto y de pronto oí, detrás de una puerta, un grito de dolor y espanto como jamás he vuelto a oír. Se abrió la puerta, y la investigadora asomó la cabeza y me dijo que corriera a prepararle una bebida caliente al joven que estaba sentado con ella. Acababa de darle la noticia de que, como represalia por haber denunciado el régimen de su país, habían detenido y ejecutado a su madre.

Yo tenía poco más de veinte años y aquel trabajo me recordaba, cada día, lo increíblemente afortunada que era por vivir en un país con un gobierno elegido de forma democrática, donde todos los ciudadanos tienen derecho a representación legal y a un juicio público.

Todos los días veía nuevas muestras del dolor que el ser humano es capaz de causar a sus semejantes para conseguir o conservar el poder. Empecé a tener pesadillas, literalmente, sobre las cosas que veía, oía y leía.

Y, sin embargo, en Amnistía Internacional también aprendí más que en ningún otro sitio sobre la bondad humana.

Amnistía moviliza a miles de personas que nunca han sido torturadas ni encarceladas por sus creencias y que actúan en nombre de otras que sí lo han sido. El poder de la empatía humana impulsa la acción colectiva y, de ese modo, salva vidas y libera a prisioneros. Multitud de personas normales y corrientes, que tienen garantizados el bienestar y la seguridad, se unen para salvar a otras a las que ni siquiera conocen ni conocerán jamás. Mi modesta participación en ese proceso fue la mayor lección de humildad y una de las experiencias más inspiradoras de mi vida.

A diferencia del resto de los animales de este planeta, los seres humanos pueden aprender y entender algo sin haberlo experimentado. Pueden ponerse en la piel del otro.

Por supuesto, esa capacidad es moralmente neutra, igual que la magia de mis obras de ficción. Es un poder que puede emplearse para manipular y controlar o para comprender y solidarizarse.

"Pueden negarse a saber"

Pero muchos prefieren no hacer ningún uso de su imaginación. Deciden no salir de la comodidad de la que disfrutan dentro de los límites de su propia experiencia, y no se toman la molestia de preguntarse qué pasaría si hubieran nacido en otra realidad, si fueran otras personas. Pueden negarse a oír los gritos y a asomarse a las jaulas; pueden cerrar la mente y el corazón a cualquier sufrimiento que no les afecte de manera personal; pueden negarse a saber.

Podría sentir la tentación de envidiar a quienes son capaces de vivir de ese modo, pero no creo que ellos tengan menos pesadillas que yo. Quienes eligen quedarse en un espacio reducido desarrollan una especie de agorafobia mental, y eso acarrea sus propios terrores. Creo que las personas que de forma

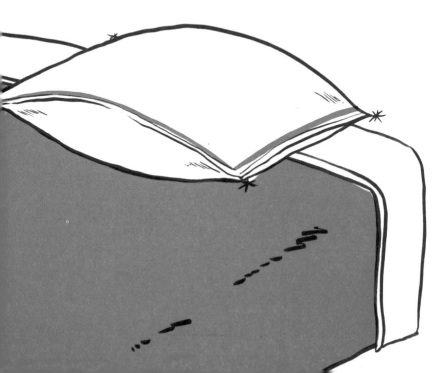

deliberada no hacen uso de su imaginación ven más monstruos. Suelen tener más miedo.

Es más, quienes eligen no empatizar son quienes permiten que existan monstruos reales. Porque, aunque no cometamos directamente un acto de maldad, somos cómplices a causa de nuestra indiferencia.

Una de las muchas cosas que aprendí al final de aquel pasillo de Clásicas, por el que me aventuré a los dieciocho años en busca de algo que entonces no habría sabido definir, fue esto, escrito por el autor griego Plutarco: «Lo que logramos internamente cambiará nuestra realidad exterior.»

Es una afirmación sorprendente que, sin embargo, queda demostrada miles de veces, cada día de nuestra vida. Expresa, entre otras cosas, nuestra inevitable conexión con el mundo exterior, el hecho de que, sólo por existir, influimos en la vida de otros.

Pero y vosotros, promoción 2008 de Harvard, ¿cuántas más posibilidades que otros tenéis de influir en el mundo exterior? Vuestra inteligencia, vuestra capacidad para trabajar duro, la educación que os habéis ganado y que habéis recibido os sitúan en una posición especial y también os confieren unas responsabilidades especiales. Incluso vuestra nacionalidad os hace diferentes. La gran mayoría de vosotros pertenecéis a la única superpotencia que queda en el mundo. Vuestra forma de votar, vuestra forma de vivir, vuestra forma de protestar, la presión que ejerzáis sobre vuestro gobierno tendrán un impacto más allá de vuestras fronteras. Ése es vuestro privilegio y, al mismo tiempo, vuestra carga.

Si decidís utilizar vuestra posición y vuestra influencia para alzar la voz en nombre de aquellos que no la tienen; si decidís identificaros no sólo con los poderosos, sino también con los que se sienten indefensos; si conserváis la capacidad de imaginar que vivís la vida de quienes no gozan de vuestros privilegios, vuestras orgullosas familias no serán las únicas que se alegrarán de vuestra existencia, sino también miles y millones de personas cuya realidad habréis contribuido a cambiar. No necesitamos magia para transformar nuestro mundo; ya tenemos, en nuestro interior, todo el poder que necesitamos: el poder de imaginar algo mejor.

Ya casi he terminado. Sólo os deseo una cosa más, y es algo que yo ya tenía a los veintiún años. Los amigos con los que estaba sentada el día de mi ceremonia de graduación han seguido siendo mis grandes amigos hasta el día de hoy. Son los padrinos de mis hijos, personas a las que siempre he podido acudir en momentos de verdadera necesidad, personas tan buenas que no me demandaron cuando puse sus nombres a mortífagos. El día de nuestra graduación nos unían un cariño enorme, la experiencia compartida de unos años que ya no volverían y, por supuesto, saber que todos guardábamos ciertas pruebas fotográficas que resultarían excepcionalmente valiosas en caso de que alguno de nosotros aspirara algún día al cargo de primer ministro.

Así que, para hoy, lo mejor que puedo desearos es que tengáis amistades como las mías. Y, para mañana, espero que, aunque no recordéis ni una sola de mis palabras, sí rememoréis las de Séneca, otro viejo romano de esos a los que conocí cuando hui por el pasillo de Clásicas y dejé atrás el afán de ascender por los escalafones profesionales para ir en busca de la sabiduría de la Antigüedad: «Como una obra teatral, así es la vida: importa no el tiempo, sino el acierto con que se ha representado.»

Os deseo a todos una buena vida. Muchas gracias.

Os deseo
a todos
una
buena
vida

SOBRE LA AUTORA

J.K. Rowling es autora de los siete libros de la famosísima saga de Harry Potter, publicada entre 1997 y 2007, que ha vendido más de quinientos millones de ejemplares en todo el mundo, se ha traducido a ochenta idiomas y ha inspirado ocho películas de enorme éxito en taquilla. Su primera novela para lectores adultos, *Una vacante imprevista*, apareció en septiembre de 2012, y sus tres primeras novelas policíacas, escritas con el seudónimo Robert Galbraith, se publicaron en 2013, 2014 y 2015, respectivamente.

Además de haber sido distinguida con la Orden del Imperio Británico por su contribución a la literatura infantil, J. K. Rowling apoya diversas causas a través de su fundación benéfica, Volant. También es la fundadora y presidenta de Lumos, una organización benéfica que trabaja para acabar con el internamiento en instituciones de niños de todo el mundo y para garantizar que todos ellos crezcan en un entorno en que no les falte afecto y seguridad.

LUMOS

Protecting Children. Providing Solutions.

Fundé Lumos para ayudar a poner fin a la nefasta práctica de internar a niños en hospicios. Y es que, en la actualidad, hay nada más y nada menos que ocho millones de niños que se crían en esa clase de instituciones en todo el mundo.

Sin embargo, la inmensa mayoría no son huérfanos. Hoy en día, multitud de expertos coinciden en que internar a los niños en centros de ese tipo resulta sumamente perjudicial para su salud física y mental, y en que tiene gravísimas consecuencias para su futuro.

Mi sueño es que lleguemos a ver el día en que la mera idea de confinar a los niños en hospicios parezca extraída de un mundo ficticio y cruel.

J.K. Rowling,
fundadora y presidenta de Lumos

wearelumos.org